ALEXANDER GARTH

WOZU?

Den Sinn des Lebens suchen

SCM
Hänssler

SCM

Stiftung Christliche Medien

© der deutschen Ausgabe 2014
SCM Hänssler im SCM-Verlag GmbH & Co. KG
71088 Holzgerlingen
Internet: www.scm-haenssler.de;
E-Mail: info@scm-haenssler.de

Die Bibelverse sind, wenn nicht anders angegeben,
folgender Ausgabe entnommen:
Neues Leben. Die Bibel, © der deutschen Ausgabe
2002 und 2006
SCM R. Brockhaus im SCM-Verlag GmbH & Co. KG, Witten.

Umschlaggestaltung: Kathrin Spiegelberg,
Weil im Schönbuch
Satz: typoscript GmbH, Walddorfhäslach
Druck und Bindung: CPI, Ebner & Spiegel, Ulm
Gedruckt in Deutschland
ISBN 978-3-7751-5559-5
Bestell-Nr. 395.559

Inhalt

Die Frage nach dem Sinn des Lebens

Wen interessiert das?

Wozu in aller Welt lebe ich eigentlich? Wen interessiert überhaupt diese Frage? Geht es nicht um ganz andere Dinge in unserer Zeit und Kultur? Ist unser Leben nicht überladen von unzähligen Dingen, die uns völlig in Beschlag nehmen? Wir sitzen vor einem übervoll gedeckten Tisch. Alles ist im Übermaß vorhanden: Erlebnismöglichkeiten, Informationen, Reize, Menschen, Bilder, Lebenskonzepte, Konsumartikel, Weltanschauungen, Lebensmittel, Religionen, Musik, Klamotten, kulturelle Angebote, Lebensperspektiven, Fernsehprogramme, Kulturen. Tausend Dinge stürzen täglich auf uns ein. Mit einem Mausklick kann man den Urlaubstrip in die Kanaren erwerben, die neuste Musik streamen, die schönsten Frauen anstarren, seinen Shopping-Trip nach Mailand buchen, die Tickets für das Konzert der angesagtesten Band reservieren, den Traumwagen kaufen, seinen Lieblingsfilm downloaden, einen Videoclip anschauen. Das Leben ist ein gigantischer Marktplatz geworden, wo wir als Verkäufer und Kunde, als Werber und Umworbener zocken und abgezockt werden, bewerben und beworben werden, zutexten und zugetextet werden. Nicht nur, dass sich die Zahl der Angebote und der Anbieter astronomisch vergrößert hat, die Vielfalt und Verschiedenartigkeit ist unübersichtlich und unverständlich geworden. Wer findet da noch Muße, sich mit der Frage nach dem Sinn des Lebens auseinanderzusetzen? Fast jeder jammert über Stress und Überforderung, vom Schulkind bis zum Greis. »Alles zu viel« – so könnte man das Lebensgefühl vieler Menschen zusammenfassen.

Wir haben eine überbordende Anspruchshaltung an das Leben entwickelt. Wir wollen immer mehr: mehr Klamotten, mehr TV, mehr Reisen, mehr Party, mehr Kneipe, mehr Sport, mehr Abenteuer, mehr Kick. Suchtartig stürzen wir uns ins Leben, um zu konsumieren, zu erleben, zu horten – bis zur Übersättigung. Freunde und Kollegen sagen uns, was heutzutage alles ein *Muss* ist. Wir machen uns »Must-do-Listen«, die wir dann mühsam abarbeiten. »Wir amüsieren uns zu Tode«, so der Titel von Neil Postmans Bestseller aus den 1980er-Jahren, der vor der Verblödung durch das Fernsehen warnt. Doch der Amüsierbetrieb von damals war vergleichsweise harmlos im Vergleich zur heutigen Rundumversorgung mit Zerstreuung. Wir befinden uns in einer Steigerungsspirale: Alles muss immer besser, effizienter, schneller, weiter, begeisternder, großartiger, leistungsfähiger sein. Haben wir letzte Woche einen guten Film gesehen, der uns geistig und emotional inspirierte, muss der Film in der nächsten Woche noch großartiger sein. Lässt sich das Leben wirklich endlos steigern? Wo führt uns diese Steigerungsmentalität hin? Wie viel Optimierung und Intensivierung ertragen wir eigentlich? Die Beschleunigung des Alltags hat uns im Griff. Schnelle Kommunikations- und Transportwege raffen die Zeit. Wir leben und arbeiten immer ungestümer und hektischer: arbeiten, essen, reisen, fernsehen, Bücher lesen. Lange Spannungsbögen ertragen wir kaum noch. Alles muss sofort faszinieren, fesseln, interessieren, begeistern. Die Bilder im Musikclip wechseln im Sekundentakt. Kaum hat man die Schönheit einer Frau auch nur ansatzweise wahrgenommen, springt die nächste ins Bild. Filme, die langsam Emotionen aufbauen, finden wir langweilig. »Fassen Sie sich kurz« ist der allgemeine Anspruch. Dicke Bücher haben es immer schwerer. Was nicht sofort interessiert, wird weggezappt: Filme, Bücher, Lehrer, Freunde, Kollegen, Musiker, Pfarrer.

Fremdbestimmt

Wir werden total in Beschlag genommen von dem, was unmittelbar auf uns einströmt: Ist die Frage nach dem Sinn des Lebens dann überhaupt von Interesse? Die Wahrheit ist: Wenn wir uns einfach treiben lassen, ohne zu wissen, wofür wir leben, dann wird das Leben für uns zu einem Strudel, der jeden mitreißt, der sich ohne Verankerungen auf die Strömung der Zeit einlässt. Wir sind der Fülle von Eindrücken, Aufgaben, Personen, Dingen und Reizen nicht mehr gewachsen. Wenn wir die Frage nach dem Sinn ignorieren, dann verlieren wir nicht nur an Lebensqualität. Vielmehr verlieren wir uns selbst. Wenn wir rastlos Erlebnissen und Konsumgütern hinterherjagen, werden wir von uns selbst entfremdet. Die Beziehung des Menschen zu sich, zu seinem Mitmenschen und schließlich auch zur Welt wird beschädigt. Er fühlt sich fremd gegenüber seinem eigenen Leben. Der von seiner Gier getriebene Mensch lebt nicht mehr wirklich, er wird gelebt von tausend Zwängen, die seine Seele manipulieren. Er wird dirigiert und gehetzt von Umständen, von Menschen, Terminen, Reizen, Verpflichtungen, Angeboten. Sein Herz kann nicht mehr frei wählen. Es ist fremdbestimmt, programmiert von Werbung und Medien. Er denkt, er sei ein Original, in Wirklichkeit ist er eine armselige Kopie. Er denkt, er habe sich frei entschieden. In Wahrheit folgt er nur dem Mainstream – wie alle in seiner Clique, in seiner Firma, in seiner Seminargruppe, in seiner Klasse, in seinem Sportverein, in seinem Club. Er hält sich für einen originellen Individualisten, der souverän seinen eigenen Weg geht. In Wirklichkeit folgt er einer gelenkten Masse. Er glaubt, dass er autonom sein Leben steuere, aber in Wahrheit ist er dirigiert von fragwürdigen Bedürfnissen, die von außen in ihn eingepflanzt wurden. Die Frage, auf die es ankommt, stellt er nicht. Er fragt sich niemals, wer er *wirklich* ist, denn er bezieht seine Identität durch das, was er hat, was er kauft, welche Markenklamotten er trägt, was für Musik er hört, was für Freunde er hat, was für ein Auto er fährt, welche Abschlüsse er macht, welche Aufträge er an Land zieht. Er kommt nicht auf die Idee, nach seinem *wahren* Ich zu fragen: Wer bin ich ohne Bankkonto, ohne Kreditkarte, ohne Führerschein, ohne Doktortitel, ohne Clique, ohne Auto, ohne Selbstinszenierung bei Facebook? Wer bin ich eigentlich und was bleibt von mir, wenn ich diese unzähligen Dinge, über die ich mich definiere und mit denen ich mich umgebe, nicht mehr habe? Diese Frage könnte ihn erlösen und zu sich zurückbringen. Aber genau diese Frage meidet er wie der Teufel das Weihwasser. Sie würde seine Entfremdung von sich selbst offenbaren. Sie würde die Leere und Sinnlosigkeit seines Lebens enthüllen. Nur manchmal, wenn die Musik aus ist, wenn die Lampen verlöschen, wenn der Konsumtempel schließt, wenn die Gläser leer sind, wenn die Gesichter abgeschminkt und die Instrumente weggepackt werden, befällt ihn die leise Ahnung, dass er eine fremde Rolle spielt und dass er in dem Leben, welches er führt, nicht wirklich zu Hause ist.

Die Frage nach dem Sinn des Lebens ist aktueller denn je, wenn wir uns nicht selbst verlieren wollen in der Banalität des täglichen Lebens. Der Soziologe Gerhard Schulze prognostiziert in seinem 2004 erschienenen Buch »Die beste aller Welten«: »Das 21. Jahrhundert wird wie nie zuvor die Frage nach dem Wozu stellen, nach dem was zeitlos wahr und gut ist.«

Wenn die Sehnsucht nach Sinn verstummt

Zwei Schreckens-Szenarien haben uns als Studenten in den 1980er-Jahren beschäftigt: Es waren die Romane »Schöne neue Welt« von Aldous Huxley und George Orwells »1984«. Orwell entwirft darin das düstere Bild eines totalitären Überwachungsstaates, der das Leben seiner Bürger bis in die privatesten Details kontrolliert und beherrscht und in dem schon jeder Gedanke, der nicht der Parteidoktrin entspricht, ein todeswürdiges Verbrechen ist.

In Huxleys »Brave New World« werden die Menschen nicht von einem totalitären Regime terrorisiert. Seine Welt ist ein gigantischer Amüsierbetrieb, in dem die Menschen durch alle Arten trivialer Zerstreuung eingelullt und in ihrem Menschsein zerstört werden. Statt dem Menschen wie bei Orwell die Freiheit zu rauben, wird er bei Huxley dank hoch entwickelter Technologien vom Denken abgelenkt und versumpft in wohliger Gleichgültigkeit. Statt Sklave eines Partei- und Gesinnungsterrors zu sein, verliert er sich in Genuss und Unterhaltung. Statt von den Instrumentarien des Totalitarismus beherrscht zu werden, gibt er sich banalem Zeitvertreib hin und versinkt, restlos befriedigt durch Konsum, Sex und die Droge »Soma« in einen Zustand hedonistischer Passivität.

Wir hatten als Studenten in einer menschenfeindlichen Diktatur (ich bin in der damaligen DDR aufgewachsen) natürlich eine größere Affinität zu George Orwell, strotzt doch sein Gesinnungsschnüffel- und Terrorstaat vor Parallelen zum ostdeutschen Regime. »1984«

war nicht ohne Grund ein streng verbotenes Buch. Ich bekam es damals in einer Kaffeedose eingeschweißt von Freunden aus dem Westen zugeschickt. Die Welt nach dem Mauerfall entwickelt sich eher in Richtung »Brave New World«. Aldous Huxley hat das realistischere und darum auch schrecklichere Szenario entwickelt.

»Ich sehe keinen Sinn«

Vor einigen Monaten kam eine alte Dame in meine Sprechstunde und erzählte mir eine erschütternde Geschichte. Ihre 14-jährige Enkelin Laura aus Berlin hatte sich aus dem Fenster gestürzt. Sie hinterließ einen Abschiedsbrief. Darin standen die Zeilen: »Ich sehe keinen Sinn im Leben.« Gott sei Dank überlebte sie mit ein paar Rippenbrüchen. Wie Laura zerbrechen unzählige Menschen an der gefühlten Sinnlosigkeit. »Es macht kein Sinn mehr, ich seh kein Ausweg!«, rappt Bushido in seinem Song »Auf der Suche«.

Vor einigen Jahren traf ich drei Deutsche in Bangalore, Indien. Sie wollten zu Sai Baba, einem inzwischen verstorbenen, bekannten Guru, der seinen Aschram – ein Meditationszentrum – einige Kilometer östlich von Bangalore hatte. Was treibt sie an? Was erhofften sich diese drei Vertreter aus dem riesigen Heer der Sinnsucher viele tausend Kilometer von zu Hause entfernt? Mit hungrigen Seelen und frustriert vom Materialismus des Westens mit seinem kraftlosen Christentum suchten sie in Indien nach Spiritualität und nach dem Sinn des Lebens.

Der Rennfahrer Niki Lauda sagte 1979 in einem Interview: »Mir ist die Sinnlosigkeit meiner Sportkarriere aufgegangen. Es gibt Wichtigeres im Leben als mit dem Auto im Kreis herumzufahren.« Aber was ist das Wichtigere? Worum geht's wirklich im Leben? Spaß? Erfolg? Gesundheit? Kinder? Gott? Hobbys? Nation? Der tschechische Dichter und Politiker Václav Havel sagte: »Die Tragödie des modernen Menschen besteht nicht darin, dass er im Grunde immer weniger über den Sinn des Lebens weiß, sondern dass ihn das immer weniger stört.«

Ich habe kürzlich eine Umfrage unter Berliner Studenten und Gymnasiasten gemacht: »Was

ist Ihrer Meinung nach der Sinn Ihres Lebens?«
Viele zuckten mit den Achseln. Einige redeten
etwas von »Leben genießen«. Andere gaben die
Hoffnung auf Erfolg und Karriere als Lebenssinn
an. Auf jeden Fall spürte ich, dass diese Frage
Verunsicherung auslöst. Gleichzeitig erlebe ich,
dass wohl kaum ein anderes Thema so sehr die
Menschen (und davon besonders die jungen)
anzieht. Wenn ich die Frage nach dem Sinn des
Lebens in einem meiner Gottesdienste thema-
tisiere, so ist dieser immer besonders voll.

Wie der Mensch die Sinnfrage entdeckte

Wer hätte das gedacht? Die Frage nach dem
Sinn des Lebens ist ziemlich neu. Ich stelle mir
vor, wir hätten im Jahre 1780 eine Umfrage
unter Studenten in Deutschland gemacht: »Was
glauben Sie, was ist Ihrer Meinung nach der
Sinn des Lebens?« Man hätte uns stirnrunzelnd
angesehen, vielleicht mit der Bemerkung: »Ich
weiß nicht so recht, was Sie meinen!?« Aber

keiner hätte eine vernünftige Antwort geben können, weil niemand die Frage verstanden hätte. Zu der Zeit war das noch kein Thema. Die Sinnfrage, so wie wir sie heute kennen und stellen, ist recht modern. Die Bibel kennt sie nicht. Die alte Philosophie kennt sie nicht. Erst im Zeitalter der Romantik, also im 19. Jahrhundert, taucht diese Frage überhaupt erst auf. Der Philosoph Johann Gottlieb Fichte schrieb 1800 ein Buch zum Thema: »Die Bestimmung des Menschen«. Und von da an geistert die Sinnfrage durch unseren Kulturkosmos. Freilich war sie damals meistens in Formulierungen wie »Zweck des Lebens« oder »Wert des Lebens« gekleidet. Aber immerhin beginnen die Gescheiten von damals, sich über diese Frage auszulassen. Nach und nach setzte sich »Sinn des Lebens« als bedeutungsschwangerer Begriff durch, nicht zuletzt 1908 durch den Bestseller eines Ostfriesen: »Der Sinn und Wert des Lebens« von Rudolf Eucken, für den er sogar den Nobelpreis für Literatur erhielt.

Gott als Schlüssel

Aber wieso werkelten die Luftschifffahrer des Geistes nicht schon viel früher an einer angeblich wichtigen Frage herum? Die Antwort ist nicht schwer. Weil die Frage keinen interessierte! Sie war gar keine Frage. Der Sinn des Lebens lag klar auf der Hand. *Gott!* Was sonst? Die Bestimmung des Menschen, sein Zweck und Wert ist ihm von seinem Schöpfer gegeben. Gott ist der Schlüssel zum rechten Leben und zur Glückseligkeit. Punkt. Wer mehr wissen will, muss die Bibel und die christliche Tradition befragen. Da kann man eine Menge darüber erfahren, wie Gott sich das mit dem Menschen gedacht hat, wozu er da ist und wohin er geht. Bei Augustin, bei Thomas von Aquin, bei Martin Luther und anderen Geisteshelden war die Sinnfrage Teil der christlichen Lehre über Gott und den Menschen.

Im Zeitalter der Aufklärung, also ungefähr am Ende des 18. Jahrhunderts, erlebte Westeuropa so etwas wie einen Paradigmenwechsel. Die klugen Köpfe jener Zeit begannen die Autoritäten von Kirche und Christentum kritisch zu hinterfragen. Sie hatten die alten Antworten und Denkmuster satt. Sie entwickelten das, was wir heute Säkularisierung nennen, und begannen die Welt, den Menschen, den Staat, die Natur, die Kultur ohne Gott zu denken. Und dabei kamen sie auf viele neue Ideen, großartige und schreckliche. Und sie begannen ganz neu zu fragen, wer der Mensch ist und wie er richtig leben kann. Es war der Philosoph Immanuel Kant, der die Sinnfrage (ohne sie so zu nennen) in drei Grundfragen umriss:

1. Was kann ich erkennen?
2. Was soll ich tun?
3. Was darf ich hoffen?

Eigentlich sind das die drei Urfragen des Menschseins überhaupt:

1. Wer bin ich?
2. Wozu bin ich da?
3. Wohin gehe ich?

Diese drei Fragen entsprechen ungefähr den drei Bedeutungen des Wortes Sinn: Bedeutung, Funktion und Zweck.

Ist die Sinnfrage
überhaupt sinnvoll?

So wie die Sinnfrage im 19. Jahrhundert bei den führenden Geistesgrößen »in« war, so ist sie im 20. Jahrhundert »out«. Zumindest hielten und halten viele tonangebende Philosophen die Sinnfrage für erledigt, weil sie lediglich eine Fragestellung von Leuten ist, die heimlich doch gern an etwas Höheres, Metaphysisches glauben würden und sich mit der letztlichen Absurdität des Lebens nicht zufriedengeben können. »Sinn des Lebens« klingt heute nach Esoterik, Religion oder Psychoratgeber. Die Frage nach einem übergeordneten Lebenssinn ist, wie der Philosoph Ludwig Wittgenstein meint, eine »unsinnige Frage« und eine Antwort darauf nichts weiter als »Geschwätz«. Es gibt nicht *den* Sinn des Lebens, so die allgemeine Meinung. Man kann seinem Leben höchstens einen Sinn geben. Die Menschen heute glauben an eine endgültige Bedeutung des Lebens ebenso wenig wie an den Weihnachtsmann. Da alles relativ ist, muss jeder sich seinen persönlichen Lebenssinn zusammenbasteln. Der

Mensch ist frei zu wählen und zu entscheiden, welchen Sinn er seinem Leben geben möchte. Und er hat viele Wahlmöglichkeiten. Bei seiner Sinnsuche geht er am liebsten philosophischen und theologischen Fragestellungen aus dem Weg.

Man sucht sich lieber den erstbesten Sinn zusammen, der gerade zum Leben passt. Egal, ob dieser etwas taugt, also tragfähig ist in Leid, Krankheit, Zerbrochenheit und Tod. Der Sinn des eigenen Lebens kann das Partywochenende sein, der Traumpartner oder wenigstens eine gute Sexbeziehung; der eigene Nachwuchs, der berufliche Erfolg mit der entsprechenden Kohle, die Selbstverwirklichung, der Fußballclub, der Esoterik-Zirkel, das eigene Haus, der Garten, die Anerkennung innerhalb der Szene, zu der man gehört. Viele Dinge, die den Menschen früher wichtig waren, wie die Hingabe an den Glauben oder die Treue zum Vaterland, spielen heute überhaupt keine Rolle mehr. Die Sinnsuche ist rein innerweltlich geworden. Viele Menschen weichen der Sinnfrage aus, weil es ihnen genügt, im Leben einfach nur zu funktionieren.

Wir sind heute in der misslichen Lage, dass wir einerseits das Bedürfnis nach einem echten Lebenssinn spüren, dass uns aber andererseits die Frage suspekt ist, da sie nach einer transzendenten Deutung des Lebens riecht. Weil sich in unserem Kulturkosmos die große Sinnfrage aufgelöst hat in lauter kleine, individuelle und subjektive Sinnfragmente, sind wir auf der Suche nach unserer Identität. Die Frage »Wer bin ich?« erhebt ihr Haupt und lechzt nach einer Antwort. Ein Buch mit dem schönen Titel »Wer bin ich – und wenn ja, wie viele?« von Richard David Precht machte vor einigen Jahren Furore. Nicht umsonst hat dieses kluge, aber in seiner Quintessenz banale Buch (wenn man es an seinem Buchtitel misst) eine breite Leserschaft gefunden. Sie besteht vor allem aus vielen Sinn suchenden Menschen, die im Durcheinander postmoderner Beliebigkeit Orientierung wollen. Precht klopft auf 380 Seiten die Geistesgeschichte nach der Sinnfrage ab und gelangt dann zu dem »überraschenden« Fazit, dass jeder Mensch maximal seinen *eigenen* Lebenssinn finden könne, was immer das auch heißt. Ein alter Bekannter, ein Pfarrerssohn, der den Glauben seiner Kindheit längst über Bord geworfen hatte, meinte nach der Lektüre dieses Buches zu mir: »Wenn man das Christentum und seine Sinnangebote kennt, dann ist das, was Precht in seinem Buch an Sinn anzubieten hat, so ärmlich, dass ich mich lieber wieder dem alten Christentum zuwende.«

Nicht nur Prechts Buch ist ein Hinweis dafür, dass die totgesagte Sinnfrage fröhlich auferstanden ist. Eigentlich war sie ja noch nie tot. Sie wurde totgeredet von Leuten, in deren materialistischem oder existentialistischem Konzept die Sinnfrage einfach nur stört und nervt.

Zum Sinnsucher verurteilt

Ich bin mir sicher, dass wir die Sinnfrage nicht loswerden. Wir können sie ins Lächerliche ziehen, banalisieren, in Fragmente auflösen, der Unterhaltungsindustrie überlassen, aber sie wird uns umfangen und zum Fragen zwingen. Warum? Weil wir als Menschen so gemacht sind, für unser Leben eine großartige Bedeutung, einen umfassenden Sinn zu entdecken. Wir sind »Sinnwesen«, wie der große Psychologe Viktor E. Frankl unser Sein definiert. Darum betrifft die Sinnfrage *alle* Menschen. Daher sind wir immer auf der Suche nach einer tragfähigen Antwort.

Ich denke an Leo, einen Studenten, der in unsere Gemeinde kam, weil er nach einem plausiblen Grund suchte zu leben. Ich denke an den Arbeitslosen, der schon seit drei Jahren frustriert zu Hause hockt und einen Bewerbungsbrief nach dem anderen schreibt – ohne Erfolg. Ich stelle mir vor, wie er sich fühlt: wertlos, von der Gesellschaft abgeschoben. Ich denke an die vielen alten Menschen in den Seniorenheimen. Wie sie in den Betten liegen. Hinter ihnen ein Leben mit Enttäuschungen, aber auch mit Erfüllung, vor ihnen das eigene Sterben. Und bis dahin der verzweifelte Versuch, noch ein bisschen zu leben. Ich denke an Roman in meiner Kirchengemeinde, den eine furchtbare Spasmus-Erkrankung an den Rollsuhl fesselt, und zwar von Geburt an. Ich denke an die, die mit Wolf Biermann singen: »Soll das alles gewesen sein, das bisschen Sonntag und Kinderschrein?«

Ich denke an die, die ins Fragen kommen nach der Bedeutung ihres Lebens. Die sich nicht abspeisen lassen mit den oberflächlichen und hedonistischen Antworten, die man in jeder dummen Boulevardzeitung lesen kann. Ich denke an die, die sich nicht einreden lassen wollen, dass diese metaphysische Sinn-Fragerei nur der feige Versuch sei, vor der Endgültigkeit und Sinnlosigkeit unseres Seins zu fliehen und sich in eine religiöse Scheinwelt zu flüchten. Ich denke an die, die sich von Herzen nach einem tragfähigen Lebenssinn sehnen und sich nicht vom Zeitgeist die Ohren vollblasen lassen, dass der mündige Mensch der Absurdität und Banalität des Daseins tapfer ins Angesicht schauen müsse.

Sinnfrage und Gottesfrage

Häufig erzeugt die Sinnfrage bei Menschen, die zu Religion und Spiritualität eine distanzierte, ja vielleicht ablehnende Haltung haben, ein ungutes Gefühl. Sie spüren intuitiv, dass diese Frage etwas mit Glauben und Gott zu tun hat. Das Allround-Genie Bertrand Russell, Mathematiker, Philosoph, Schriftsteller, Literatur-Nobelpreisträger sagt: »Solange man nicht annimmt, dass es einen Gott gibt, bleibt die Frage nach dem Ziel des Lebens sinnlos.« Dieser Satz ist umso verwunderlicher, als er aus der Feder eines bekennenden Atheisten stammt. Wer die Geistesgeschichte studiert, der wird feststellen, dass es ohne die Existenz eines Schöpfergottes letztlich keine rational und emotional befriedigende Antwort auf die Frage nach dem Sinn des Lebens gibt. Das säkulare Weltbild ist einfach nicht rational. Die Vorstellung, dass ganz von selbst aus toter Materie Leben entsteht, aus Chaos Ordnung, aus einem Einzeller – über Ur-Maus und Primat – ein Albert Einstein, hat nichts von seiner Absurdität eingebüßt. Der Biochemiker Ernest Kahane schreibt: »Es ist absurd und absolut unsinnig zu glauben, dass eine lebendige Zelle von selbst entsteht; aber dennoch glaube ich es, denn ich kann es mir nicht anders vorstellen.« Noch pointierter bringt es der Dramatiker und Drehbuchautor (»Shakespeare in Love«) Tom Stoppard auf den Punkt: »Ich habe die Vorstellung, dass es Gott gibt, immer für absolut lächerlich gehalten, aber immer noch plausibler als die alternative Behauptung, dass grüner Urschleim, wenn er genug Zeit hat, irgendwann Shakespeares Sonette schreiben kann.«

Ohne Gott regiert nur das eiskalte Gesetz des Zufalls. Die missionarische Atheistin Fiona Lorenz schreibt: »Diese nutzlose Sinnsuche – was soll das? Es gibt keinen Sinn! Das Leben an sich hat keinen Sinn und mein Leben hat den Sinn, den ich ihm gebe ... Ich habe das Glück zu leben, was ich dem Umstand verdanke, dass ein bestimmtes Spermium meines Vaters auf ein bestimmtes Ei meiner Mutter traf ... Seither habe ich diverse Gefahren umschifft und lebe. Irgendwann werde ich tot sein. Worin der Sinn in dieser Ansammlung zufälliger Ereignisse liegt –

die Frage ist überflüssig.« (Aus: »Leben mit und ohne Gott«, hrsg. von Karsten Krampitz, S. 186.)

Ohne Gott gibt es keine Antwort auf die Fragen, woher ich komme, wozu ich da bin und wohin ich gehe. Ziellos gehen wir dem Nichts entgegen. Atheismus – das ist ein Tanz auf der Falltür ins Nichts. Wir haben nichts zu hoffen, außer auf das, was wir unmittelbar vor Augen haben. Atheismus lässt das Herz frieren und die Seele dürsten.

Trostloser Atheismus

Ich kenne viele Atheisten, die dem Leben eine Menge Sinn abtrotzen. Einige sind meine Freunde. Bei aller Sympathie für sie und allem Respekt vor ihrer Weltanschauung, ich halte den Atheismus für eine traurige Angelegenheit. Mit einigen atheistischen Freunden diskutierten wir über den Film »Melancholia« (2011) des dänischen Filmemachers Lars von Trier. Er erzählt eine verstörende Geschichte vom Weltuntergang. Die Handlung beginnt auf einer Hochzeitsfeier, in der die Braut Justine, getrieben von dunklen Ahnungen, ihr bürgerliches Leben vernichtet: Sie zerstört ihre junge Ehe, ruiniert ihre berufliche Zukunft und gerät in eine tiefe Depression. Das Nahen des alles vernichtenden Planeten Melancholia ist für sie eine von Weltekel und der Lust an der totalen Vernichtung inspirierte Erlösung. Schaurig schön, mit unglaublich eindringlichen Bildern und untermalt von der düsteren Musik von Wagners Ouvertüre aus Tristan und Isolde, wird der Untergang der Welt zelebriert. Während ihre Schwägerin der totalen Verzweiflung anheimfällt, sonnt sich die nackte Justine im Lichte des nahenden »Melancholia«. Im Grauen des unvermeidlichen Endes schafft sie für ihren Neffen, einen vielleicht zehn Jahre alten Jungen, eine Hoffnung spendende Illusion. Sie baut aus Stöcken eine »magische Höhle«, in der man den Weltuntergang überleben kann. An Händen haltend warten die drei auf die Vernichtung der Erde: Justine gefasst, ihre Schwägerin verzweifelt schluchzend, der Junge hoffnungsvoll, mit geschlossenen Augen das Wunder erwartend. »Melancholia« bringt die Konsequenz des Atheismus auf den Punkt:

Atheismus heißt, dass wir zufällig da sind, dass es keinen letzten großen Sinn gibt und dass wir ebenso zufällig wieder verschwinden. Dieser Film konfrontiert radikal mit dem Nichts und der Absurdität des Seins und provoziert die Frage nach Gott, nach dem Sinn und Ziel des Lebens.

»Melancholia« löste eine angeregte Diskussion zwischen meinen atheistischen Freunden und mir aus. Schließlich sagten sie: »Eigentlich macht uns eine Welt ohne Gott, die steuerlos auf eine ungewisse Zukunft zurast, Angst. Es wäre schön, wenn du recht hättest mit deinem Gott und deinem Glauben. Es wäre schön, wenn es einen Gott gäbe, der alles in der Hand hält und durch den ganz am Ende eben doch alles gut wird.« Und dann bedauern sie, dass sie leider nicht glauben können.

Fortpflanzung als Lebenssinn

Laut Glücksforschung nimmt das Zusammensein mit eigenen Kindern in der Hitparade der Glücklichmacher den Platz eins ein (Das Zusammensein mit dem Partner kam auf Platz zwei). Nicht nur Leben weiterzugeben, ist eine höchst lustvolle Angelegenheit. Wenn man zum ersten Mal sein Baby im Arm hält, ist das ein überwältigendes Gefühl. In keinem anderen Augenblick spürt man das Geheimnis des Lebens so intensiv. Sein Kind zu behüten und es beim Aufwachsen und beim Kennenlernen der Welt zu begleiten, macht das Leben wirklich sinnvoll. Das wird kaum jemand ernsthaft bestreiten. Aber besteht der Sinn des Lebens nur darin?

Ich höre häufig den Satz: »Der Sinn meines Lebens sind meine Kinder.« Wird hier nicht die Sinnfrage lediglich in die nächste Generation verlagert? Kann die gängige Antwort, dass der Sinn des Lebens in der Weitergabe von Leben besteht, wirklich Herz und Hirn befriedigen und beglücken? Wie kann die Weitergabe von etwas, dessen Sinn nicht geklärt ist, sinnvoll sein?

Außerdem, was ist mit der steigenden Zahl von Paaren, die sich sehnlichst ein Kind wünschen, aber aus medizinischen Gründen kein Kind bekommen können? Sind sie zur Sinnlosigkeit verurteilt? Nur wer das Leben einseitig unter dem Gesichtspunkt der Evolution betrachtet, hält die Weitergabe seiner Gene für den Sinn des Lebens.

Genuss als Lebenssinn

Die andere populäre Ansicht, dass der Sinn des Lebens im Genuss besteht, ist noch unbefriedigender. Besonders junge Menschen sehen im Lebensgenuss den einzigen Sinn. Aber was ist mit den Millionen von Menschen, denen echter Lebensgenuss versagt bleibt, weil sie entweder krank, behindert oder ausgebeutet sind? Ist deren Leben sinnlos? Sie haben halt Pech gehabt. Was ist mit dem alten Menschen, der im Altersheim liegt und nur noch sein Sterben vor sich hat? Ist sein Leben sinnlos? Der Atheismus hat keinen sinnvollen Beitrag zu den Themen Leid und Tod. Es gibt Menschen, welche die Absurdität des Lebens ganz gut verdrängen oder philosophisch à la Jean-Paul Sartre veredeln. Und es gibt Menschen, die daran zerbrechen, wie die 14-jährige Laura, die sich aus dem Fenster stürzte, weil sie keinen Sinn im Leben sah.

Damit ich nicht falsch verstanden werde: Ich finde es ausgesprochen wichtig, dass Menschen das Leben genießen können. Miesepeter und Lebensmuffel sind mir unheimlich. Ich will sie nicht gern um mich haben. Aber genauso schwer fällt es mir, Menschen zu trauen, deren Lebensinhalt nur im Erstreben von Lustempfindungen und in der Befriedigung von Bedürfnissen besteht.

Liebe als Lebenssinn

Kein Glück, das so häufig besungen wird, wie das Liebesglück – von Ovid bis zu den Beatles, von Goethe bis zu »Du bist das Beste, das mir je passiert ist« von Silbermond. Selbst die finste-

ren Buben von Rammstein knarzen mit Grabes-
stimme »Ohne dich kann ich nicht sein«. Es gibt
wohl kaum einen Zustand, in dem man intensi-
ver die Sinnhaftigkeit des Lebens fühlt, als im
Verliebtsein. Wer einen Menschen liebt, sitzt
der Bestimmung des Lebens auf dem Schoß.
Die Frage bleibt dennoch, ob die Liebe zu einem
Menschen *der* Sinn des Lebens ist? Was ist mit
den Menschen, denen die Liebe versagt bleibt?
Was ist mit denen, die *den* geliebten Menschen
verloren haben? Ist ihr Leben sinnlos? Was ist
mit den Einsamen, Sterbenden, Gefangenen?
Es gibt eine tiefere Bestimmung als die Liebe
eines Menschen. Das hat zwei Gründe.

Erstens kann kein Mensch die Sehnsucht unseres Herzens nach bestätigender Liebe stillen.
Wir würden ihn total überfordern mit unserer
unersättlichen Gier nach Liebe, Annahme und
Bestätigung. Unser Verlangen würde den anderen missbrauchen als den großen Glücksbrin-
ger. Er müsste leisten, was nur Gott kann, nämlich das große, umfassende Lebensglück für
uns, seine Geschöpfe, zu sein. Gott ist es, für
den unser Herz geschaffen wurde, der unserem
Leben Sinn und Gelingen schenkt über den Tod
hinaus. Keine menschliche Liebe kann uns das

Maß an Liebe schenken, für das wir geschaffen sind. Viele Beziehungen zerbrechen, weil man einander überfordert. Enttäuschte Erwartungen sind ein Beziehungskiller erster Ordnung. Niemand hat so treffend unser Verlangen nach Gott beschrieben wie der Geistesgigant Augustin: »Du hast uns zu dir hin geschaffen und unruhig ist unser Herz, bis es ruht in dir.«

Zweitens: Wenn ein Mensch unser großer und einziger Lebenssinn ist, dann wird das Leben sinnlos, wenn der geliebte Mensch stirbt oder wenn eine Beziehung zerbricht und man ohne die liebende Zuwendung des anderen leben muss. Ein tragfähiger Lebenssinn muss auch vor der Realität des Todes und dem Scheitern von Beziehungen bestehen können. Der Schmerz über den Verlust eines Menschen darf den Sinn des Lebens nicht ertränken. Wie viele Totalabstürze des Lebens, die in Drogensucht, totaler Verwahrlosung, Suizid münden, gehen darauf zurück, dass ein Mensch, der Sinn und Halt war, nicht mehr da ist.

Arbeit als Lebenssinn

In der biblischen Schöpfungsgeschichte gibt Gott dem Menschen die Erde als Garten, »dass er ihn bebaute und bewahrte«. Arbeit ist ein von Gott gegebener Lebenssinn. Das Gelingen von Leben hängt auch damit zusammen, dass wir für uns und andere sorgen und diese Welt mitgestalten. Viele Menschen wollen mit ihrem Leben etwas Sinnvolles tun. Es macht unser Leben sinnvoll, wenn wir etwas tun, was anderen nützt: für Waisenkinder in Indien spenden, Menschen in Not unterstützen, sich sozial engagieren.

Die Frage ist nur, ob dieser Lebenssinn wirklich tragfähig ist? Hängt der Sinn des Lebens davon ab, was ein Mensch Gutes tut? Was ist dann mit den Alten, Kranken, Behinderten? Verurteilen wir sie nicht zu einem sinnlosen Leben, wenn wir die Sinnhaftigkeit des Seins über die Leistung definieren? Ein alter Witz über Deutsche und Franzosen nimmt unsere deutsche Neigung, Arbeit als Lebenssinn zu überhöhen, aufs Korn: »Was ist der Unterschied zwischen Deutschen und Franzosen? Der Deutsche lebt, um zu arbeiten; der Franzose arbeitet, um zu leben.«

Ganz davon abgesehen, dass diese Geschichte heute so nicht mehr stimmt (wenn sie überhaupt jemals stimmte), macht sie doch augenzwinkernd deutlich, dass Arbeit an sich kein Lebenssinn ist, der uns guttut. Es war ein Italiener, kein Deutscher, der folgende Pseudoweisheit von sich gab: »Der Wert eines Menschen wird bestimmt durch den Nutzen, den er seinen Mitmenschen bringt.« Dieser auf den ersten Blick ganz vernünftig klingende Satz des Freiheitskämpfers Giuseppe Garibaldi (er war nicht der Erfinder des Schnellkochtopfes!) ist falsch und unbarmherzig. Wenn man den Menschen über seine Leistung definiert, degradiert man ihn zu einer Maschine. Sie ist dazu konstruiert, etwas Nützliches zu tun. Wenn sie nicht mehr funktioniert und auch nicht repariert werden kann, wird sie verschrottet. Wenn der Sinn des Lebens im Erbringen von Leistungen besteht, dann werden wir irgendwann zu Sozialschrott. Die Wissenschaftler, die sich mit dem Alter beschäftigen, konstatieren eine erschreckende Zunahme von Seniorenselbstmorden in unserem Lande. Wie geht es einem alten Menschen, wenn er plötzlich nicht mehr ohne fremde Hilfe auskommt, wenn er nichts mehr leisten kann, sondern zu einer Belastung für andere geworden ist?

Wenn er den Sinn des Lebens davon ableitet, etwas Nützliches und Gutes zu schaffen, dann fällt der Mensch im Alter in das furchtbare Loch der Sinnlosigkeit. Der Sinn des Lebens kann nicht in dem bestehen, was ein Mensch an Nützlichem und Gutem erbringt.

Humanismus als Sinn-Motor

Wenn der abendländische Humanismus der Sinn-Motor in unserer Gesellschaft ist, dann ist das Christentum der Kraftstoff. Gläubige und Ungläubige preisen den abendländischen Humanismus. Aber der ist ohne seine christlichen Wurzeln, ohne den barmherzigen Samariter als Modell für Nächstenliebe, ohne die Zehn Gebote, ohne die Bergpredigt überhaupt nicht denkbar. Trennt man ihn von seinen Wurzeln, dann verliert er seine Lebendigkeit und seine Potenz. Beraubt man ihn seiner transzendenten Quellen, dann verkommt er zum Utilitarismus, zum bloßen Nützlichkeitsdenken und zum Hedonismus, der Genuss zum obersten Prinzip erhebt. Das Tun des Guten hat keinen dem Menschen vorgegebenen Sinn mehr. Es ist nicht mehr gut, weil es Teil eines Sinnkosmos ist. Es ist nur noch gut, weil es dem Menschen irgendwie nützlich ist und Genuss verschafft.

Der Philosoph Max Horkheimer fragt spitz: »Warum soll ich gut sein, wenn es keinen Gott gibt?« Das Ende von »good life« ist meistens auch das Ende von »good will«. Es gibt keine wirkliche Richtschnur mehr für gut und böse. In grauenvoller Einsamkeit gibt sich der Mensch sein eigenes Gesetz. Das war das Lebensthema des genialen atheistischen Vordenkers Friedrich Nietzsche. Gibt es keinen Gott, dann gibt es letztlich keine Moral. Der Mensch vergötzt sich selbst. Was ihn treibt, ist der durch kein Sittengesetz mehr domestizierte Wille zur Macht und zum Genuss. Diese Selbstvergötzung des Menschen hat in der Geschichte dort, wo Gott abgeschafft wurde und ein totalitärer Staat die uneingeschränkte Macht über das Leben und

Denken der Menschen beanspruchte, schreckliche Konsequenzen gezeitigt: Die Vergötzung von Rasse, Blut, Boden und Nation durch die Nationalsozialisten, der neue sozialistische Mensch eines Maos, Lenins, Stalins und Pol Pots. Millionen von Menschen mussten sterben, weil der Mensch Gott absetzte und eine Ideologie inthronisierte, die den Menschen ohne seinen transzendenten Bezug definierte.

Den Vätern des Grundgesetzes dagegen war der Bezug auf Gott in der Präambel von größter Wichtigkeit: »In Bewusstsein seiner Verantwortung vor Gott und den Menschen«. Die Erwähnung Gottes ist keine religiöse Dekoration, sondern Gott ist der Garant der unantastbaren Würde des Menschen. Wir haben in unserer Geschichte schmerzlich erfahren, dass die Würde des Menschen fürchterlich antastbar wird, wenn der Mensch seine Würde durch Rasse und Nation definiert.

Es gibt keine radikalere Begründung der Gleichheit jedes Menschen als der christlich-jüdische Gedanke der Geschöpflichkeit und Gottesebenbildlichkeit des Menschen. Wenn der Mensch Gott abschafft, dann besteht die Gefahr, dass der Mensch auch den Menschen abschafft. Wenn wir die Würde und den Wert des Menschen abhängig machen von Rasse, Nation, Herkunft, Einstellung oder Nützlichkeit für das Gemeinwohl oder die neue kommunistische Gesellschaft, dann sind die Tore weit dafür geöffnet, dass ganzen Gruppen von Menschen oder gar Völkern das Recht zum Leben abgesprochen wird. Die Nazis sprachen von »lebensunwertem« Leben. Ein Begriff, der Gott ins Angesicht schlägt. Es rächt sich fürchterlich, wenn wir die Existenz des Menschen von einem Schöpfergott abschneiden. Der Mensch wird beliebig manipulierbar, weil er jeden Maßstab für Gut und Böse verloren hat. Der Nationalsozialismus mit seinem kruden Sozialdarwinismus, in dem der Starke den Schwachen frisst, der Kommunismus mit seiner Klassenfeindtheorie, in der die Feinde der neuen Gesellschaftsordnung liquidiert werden, sie haben eins gemeinsam: Der Mensch ist kein Geschöpf Gottes mehr.

Es ist leichter, Zufallsprodukte einer mechanistischen Evolution umzubringen als von Gott geliebte Geschöpfe. Man muss schon einen gründlich verstellten Zugang zur Wirklichkeit haben, wenn man übersieht, dass die Beseitigung Gottes in Verbindung mit der Errichtung einer Diktatur mehr Elend und Leid über diese Welt gebracht haben als alle Religionen zusammen.

Ein unmoralisches Weltbild

Das säkulare Weltbild ist unmoralisch. Wenn es keinen Gott gibt, dann sind am Ende die Guten die Dummen und die Bösen die Schlauen. Dann würde am Ende das Böse triumphieren. Niemand würde zur Rechenschaft gezogen für die Schweinereien, mit denen das Leben unzähliger Menschen zerstört und unser Planet verunreinigt wurde. Massenmörder wie Mao, Stalin, Idi Amin und Pol Pot sind friedlich im Bett gestorben. Ihre millionenfachen Opfer haben sich zu Tode geschuftet, sind verhungert, erschossen, erhängt und mit Spaten erschlagen worden. Und das wars. Keine letzte Gerechtigkeit. Keine Rehabilitierung der Opfer. Kein Schuldspruch, keine Verurteilung für die Verbrecher. Und Hitler, Himmler und Göring, sie waren schlau, als sie sich durch feigen Selbstmord der Verantwortung für ihre Verbrechen entzogen. Schade. Haben sich aus dem Staub gemacht. Kann man nichts machen. Kein ewiger Richter, der sie mit den Untaten ihres Lebens konfrontiert und sie richtet für das, was sie angerichtet haben. Keine letzte Rechenschaft, die der Mensch für sein Leben vor einem Gott ablegen muss. Kein Gericht für die, die gotteslästerlich mit »Allahu akbar« auf den Lippen in Hochhäuser fliegen und Tausende von Unschuldigen mit in den Tod reißen. Die Todes- und Verderbensbringer der Geschichte, die Ausbeuter und Herrscher dieser Welt, sie würden am Ende recht behalten. Keine Gerechtigkeit, die am Ende als Sieger dasteht. Das Unrecht dieser Welt würde vergeblich zum Himmel schreien, denn kein Gott würde es hören und richten. Das Böse stünde am Ende als Sieger da. Menschen wie Sophie Scholl oder Dietrich Bonhoeffer, die für das Gute gestorben sind, wären die großen Dummköpfe und Verlierer der Geschichte. Eine Welt ohne Gott ist die ins Unendliche verlängerte Ungerechtigkeit.

Der Tod als alles fressender Sinnkiller

Der Philosoph Michel Onfray antwortet in einem Interview auf die Frage nach dem Woher und Wohin menschlichen Lebens: »Vom Urknall über die Evolution bis heute wirkte eine Art Mechanik materialistischer Kausalität. Und wohin gehen wir? In Richtung unseres Verschwindens. Die ›Kritik der reinen Vernunft‹, Beethovens Fünfte – nichts wird bleiben.« Nicht hoffnungsvoller, aber dafür kürzer hört sich Bertold Brecht an: »Ihr sterbt mit allen Tieren, und es kommt nichts nachher.« Das säkulare Weltbild macht den Menschen zu einem Wanderer ohne Ziel. Sein Leben ist eine Reise ohne Ankunft. Wie Kinder, die den Weg nach Hause nicht wissen. Wenn wir kein großes Ziel haben, dann sind wir Raser auf der Schnellstraße zur Sinnlosigkeit, »Highway to Hell«. Dann müssen wir eines Tages, wenn wir nur noch den Tod vor Augen haben, in ein dunkles, unheimliches Nichts blicken. Der Philosoph Martin Heidegger schrieb am Ende seines Lebens: »Nur Gott kann uns noch retten. Wenn

Gott als der übersinnliche Grund und das Ziel aller Wirklichkeit tot ist, dann bleibt nichts mehr, woran der Mensch sich halten und wonach er sich richten kann. Der Nihilismus, der unheimlichste aller Gäste, steht vor der Tür.«

Wir verkennen die Tiefendimension menschlichen Lebens und verengen den Blick auf seine physische Existenz, wenn wir die Gesamtheit menschlicher Existenz aus dem Blick verlieren und sie nur noch als irdische wahrnehmen. Wir verlieren uns in einer dumpfen Diesseitigkeit. Unsere Wesensbestimmung kommt eben nicht in diesem Leben zur letztgültigen Bestimmung. Das ist eine fundamentale Erkenntnis der menschlichen Geistesentwicklung. Der Mensch findet das Ziel und die Erfüllung seines Daseins eben nicht nur in diesem Leben. In allen menschlichen Kulturen finden wir diesen Gedanken. Nur der Materialismus der Moderne reduziert den Menschen und seine Bestimmung auf seine irdische Existenz.

»Was hat ein letztlich zielloses Leben für einen Sinn?«, so fragen viele Menschen. Und was bedeutet diese schreckliche Endgültigkeit für unser Lebensgefühl? Müssen wir dann nicht alles aus dem bisschen Leben herausholen? Versuchen wir dann nicht, alles mitzunehmen, was sich uns bietet, und ordnen unsere Moral dem Ziel des Lebensgenusses unter? Ist dann nicht eine unersättliche Lebensgier mit schrecklichen Folgen unser ständiger Begleiter?

Obgleich das Diesseitigkeits-Mantra »Es gibt nur dieses Leben« in aller Munde ist, wird die Frage nach dem ewigen Leben drängend, wenn es um den Sinn des Lebens geht. Nur wenn es ein ewiges Leben gibt, nur wenn unser Leben über den Tod hinaus zu einer endgültigen Bestimmung findet, ist die Sinnfrage überhaupt sinnvoll.

Auf der Suche nach Identität

Nur in die Welt gepresst werden, um am Ende zu sterben?

Ich habe viel mit jungen Menschen zu tun. Viele treibt die Frage um »Wofür lebe ich eigentlich?« und »Was ist der Sinn meines Lebens?«. Sie träumen von einem erfüllten Leben und sind geradezu besessen von der Frage, was dieses Projekt »Leben«, in das sie geraten sind, wohl soll.

Leo studiert seit einem halben Jahr Medizin. Eine Freundin lädt ihn zu einer WG-Einweihung ein. In der großen Wohnküche wird gegessen, getrunken, geredet. Leo kommt mit Tina ins Gespräch. Sie reden über Gott und die Welt. Tina erzählt, was ihr der Glaube an Gott bedeutet. Leo ist überrascht. Eine junge, hübsche Frau, die von Gott schwärmt. Er ist interessiert.

Religion war nie ein Thema. Zu Hause nicht, auch nicht in der ostdeutschen Kleinstadt, in der er aufwuchs. Seine Mutter, eine Ärztin, vertritt eine »wissenschaftliche« Sicht, in der kein Platz für einen Gott ist. Leo ist kein wirklich überzeugter Atheist. Heimlich hat er schon mal gebetet, als er seinen Schlüssel durch eine dumme Aktion verloren hatte. Wie durch ein Wunder fand er ihn damals wieder. Er war noch ein Kind. Als Abiturient begann sich ihm eine Frage beunruhigend aufzudrängen: Wozu lebe ich? Er hat einen Lieblingsspruch, mit dem er seine Mutter schockierte: »Nur in die Welt gepresst werden, um am Ende zu sterben – wo ist da der Sinn?« Ab und zu redete er zu Hause über Selbstmord. Nicht dass er ernsthaft selbstmordgefährdet gewesen wäre. Er empfand lediglich eine gewisse Erleichterung bei dem Gedanken, dass man ja aussteigen könne aus dem Leben, wenn es einem gar nicht mehr passt. Und es bereitete ihm ein wenig Vergnügen, seine Mutter damit aufzuscheuchen. Sie geriet in tiefe Sorge ob der finsteren Sprüche ihres Sohnes. Der machte sich weiter seine Gedanken. Kein Religionsunterricht, kein Lehrer, kein Freund half ihm dabei.

Ganz allein schlug er sich mit der Frage nach einem Lebenssinn herum. Ein Gedanke ließ ihn nicht los: »Irgendjemand muss doch die Leute bestrafen, die Unrecht tun und Verbrechen begehen.« Das wurde ein wichtiger Satz in seinem Leben. Einen anderen faszinierenden Gedanken entdeckte er durch den Film »Königreich der Himmel« – ein Historienfilm über die Zeit der Kreuzzüge –, nämlich dass der Mensch gewollt ist und dass er eine überirdische Aufgabe bekommt.

Doch zurück zur WG-Party und zu Tina. »Endlich mal jemand, mit dem ich über wirklich wichtige Dinge reden kann«, denkt Leo. Und nicht nur das. Er würde ihr auch sonst gern näherkommen, dieser attraktiven Blondine. Sie lädt ihn zum Gottesdienst in ihre Gemeinde ein, die Junge Kirche Berlin. Leo kommt. Die Predigten findet er ansprechend. Er bekommt Antworten auf viele Fragen. Ihm gefällt die Musik. Dass man Gott, wenn es ihn gibt und wenn man an ihn glaubt, anbeten muss, erscheint ihm logisch. Und dass junge Menschen Gott loben mit lauter, grooviger Musik und inbrünstigem Gesang, ist für ihn völlig normal. Leo geht jeden Sonntag in die Gemeinde. Er beginnt zu beten. Jeden Mor-

gen bittet er: »Herr, ich will dich kennenlernen.«
Dass er eigentlich in die Gemeinde kam, um Tina
kennenzulernen, tritt immer mehr in den Hinter-
grund. Wann Leo gläubig wurde, kann er nicht
sagen. Es ist ein längerer Prozess. Irgendwann
lässt er sich taufen. Das gehört jetzt dazu. Er
spürt, der Glaube tut ihm gut. Es ist mehr als ein
Mut machender Gedanke. Es ist eine Lebensbe-
ziehung mit einer liebenden Macht. Er beginnt
sich in der Kirche zu engagieren. Und er weiß,
wozu er Arzt werden will. Er spürt eine Berufung zu helfen. Diese Berufung ist nicht nur
von dieser Welt. Gott möchte ihn gebrauchen,
um für Menschen ein Segen zu werden. Wenn
man Leo fragt, warum er Christ wurde, nennt er
verschmitzt zwei Gründe: »Ich wollte eine Frau
kennenlernen, und ich wollte endlich den Sinn
des Lebens finden. Die Leere und Sinnlosigkeit
des Lebens haben mich fertig gemacht. Vermut-
lich wäre ich eines Tages depressiv geworden
mit einer wirklichen Selbstmordgefährdung,
wenn ich nicht zu Gott gefunden hätte. Sich mit
diesem Leben, mit Leid, Krankheit und Tod her-
umzuschlagen, ohne den Glauben an Gott und
an eine tiefe Sinnhaftigkeit des Lebens, das hält
doch kein denkender Mensch auf Dauer aus.«

Ein Kochbuch und die Frage nach erfülltem Leben

Wofür lebe ich eigentlich? Immer wieder stellen wir uns diese Frage und verdrängen sie sogleich wieder. Wofür lebe ich eigentlich? – das hängt davon ab, wer ich bin. Wer ich bin, entscheidet, was mich glücklich macht.

Was macht ein Kochbuch glücklich? Stellen wir uns ein Kochbuch vor, das lange in einem Antiquariat herumstand, irgendwo abgeschoben von irgendwelchen stümperischen Anfängern, die nicht umsetzen konnten, was drinsteht. Es verstaubte zwischen alten, abgelegten Büchern und führte eine sinnlose und trostlose Existenz, wissend, dass ein Buch, wenn es nicht gelesen wird, eigentlich nichts weiter ist als ein Stapel Papier. Es litt fürchterlich unter diesem Zustand. »Ich würde mich am liebsten selbst verbrennen, wenn das hier so weitergeht«, dachte das Buch und erinnerte sich an eine schlimme Kränkung, die es vor einiger Zeit erlitten und immer noch nicht überwunden hatte. Sein früherer Eigentümer, ein Student, hatte es als Schrankbein missbraucht. Der Student hatte einfach, damit der Schrank in seiner liederlichen Bude nicht umfiel, das dicke alte Kochbuch anstelle des fehlenden Schrankbeines unter die Bodenplatte geschoben. Das Kochbuch fühlt noch heute den Schmerz dieser Demütigung: Was für ein übler Missbrauch!

Eines Tages betrat jemand das Antiquariat und zog das Kochbuch heraus, blätterte darin und sprach: »Oh ja! Das nehme ich mit und probiere aus, was drinsteht.« Das Kochbuch begann, Hoffnung zu schöpfen. Und dann kam der Tag, als es in die Küche getragen und aufgeschlagen wurde, um als Anleitung für ein Partymenü zu dienen. Noch in dieser Nacht wurde das Kochbuch zum glücklichsten Buch der Welt, weil es seine Bestimmung fand, Menschen zum Kochen anzuleiten: »Ich habe eine Party glücklich gemacht! Ich bin gemacht, Menschen zu sagen, wie sie kochen sollen.« Woher hat das Kochbuch seine Bestimmung? Von Menschen, die es gemacht haben für den einen Zweck, dass andere Menschen reingucken, die Rezepte ausprobieren und dann Partys ausgestalten oder die Liebste zum Essen einladen, um sie mächtig zu beeindrucken.

Was hat ein Kochbuch mit der Frage nach dem Sinn des Lebens zu tun? Dieses simple Beispiel sollte verdeutlichen: Ich muss wissen, wer ich bin, um herauszubekommen, wofür es sich zu leben lohnt. Wenn der Mensch ein Geschöpf ist, dann kann er sich den Sinn des Lebens nicht einfach selber geben. Wenn wir den Sinn des Lebens finden wollen, dann müssen wir herausbekommen, wer wir sind und wofür wir geschaffen sind. Wir können uns den Sinn des Lebens nicht selbst geben. Er wird uns gegeben. Was Naturwissenschaft und Evolutionstheorie über uns sagen, ist wenig hilfreich für folgende Fragen: Woher komme ich? Wofür lebe ich? Wohin gehe ich?

Wer bin ich?

Über kaum eine andere Frage herrscht in unseren Tagen so viel Verwirrung und Unsicherheit. Wer bin ich? Ein Mensch. Das hilft schon mal, um nicht verwechselt zu werden mit Stein, Blume oder Nasenbär. Aber was heißt das, ein

Mensch? Noch komplizierter wird es, wenn wir fragen: Wer bin ich als Mann, als Frau? Was ist meine Identität? Wer oder was bestimmt diese? Wie bekomme ich heraus, wer ich bin? Was hilft mir? Wie und wodurch werde ich geprägt in meiner Identität? Gene? Erziehung? Medien? Wissenschaft? Kultur? Zeitgeist? Für den Staat bin ich ein Bürger, für den Lehrer ein Schüler, für meinen Chef ein (hoffentlich!) geschätzter Mitarbeiter, für die Wirtschaft ein umworbener Kunde, für das Finanzamt ein Steuerzahler, für den Polizisten ein Verkehrsteilnehmer, für meinen Sohn ein Papa und für meine Frau ein Schatz, manchmal auch eine Last. Wer bin ich abgesehen von den Rollen, in die das Leben mich drängt? Wer bin ich ohne Titel, ohne Kreditkarte, ohne Statussymbol, ohne deutschen Pass? Wer bin ich als Mensch und nur als Mensch, ohne die Identitäten, die ich mir zulege? »I am what I am« singt Gloria Gaynor, und wir singen fröhlich mit. Aber im Herzen wissen wir nicht, was dieses »Ich bin, was ich bin« eigentlich heißt. Es gab wohl noch keine Epoche in der Menschheitsgeschichte, in der die Menschen so verunsichert darüber waren, wer sie eigentlich sind. Die Fragen »Wer bist du?«

oder »Was ist der Sinn des Lebens?« lösen bei nicht wenigen Ratlosigkeit oder Verunsicherung aus. Psychologen und Soziologen sprechen von einer Identitätskrise des modernen Menschen.

Wir versuchen, uns eine Identität zuzulegen. Wir entwerfen uns selbst. Und wir suchen uns dabei Leitbilder, Idole, Muster heraus, die uns beeinflussen, bestimmen und manipulieren. Der oberste Manipulator ist die Werbung: Trage diese und jene Marke, dann bist du cool. Sage mir, was du kaufst, und ich sage dir, wer du bist. Konsum bestimmt unsere Identität. Die Medien prägen unser Verhalten, unseren Geschmack, unsere Werte, unser Konsumverhalten. Wir passen uns an und werden zu Kopien. Nicht nur junge Menschen versuchen verzweifelt, sich eine coole Identität zuzulegen, damit sie bei anderen ankommen. Wir sind bestimmt von der Angst vor Ablehnung. Wir übernehmen schablonenhaft einen Stil, ein Verhalten, ein Outfit. Hauptsache, wir werden von anderen akzeptiert. Dahinter steckt eine tiefe Unsicherheit darüber, wer wir eigentlich sind. Diese Unsicherheit bestimmt latent unser Leben. Irgendwo habe ich einmal diesen

Satz gelesen: »Gott hat die Menschen als Originale geschaffen, aber die meisten enden als Kopie.«

Zwischen Biochemie und Transzendenz

Ganz schön schlau und trotzdem keine Ahnung

Wir Menschen wissen heute mehr über uns als alle Generationen vor uns zusammen. Von unserer Erzeugung bis zu unserem letzten Atemzug kennen wir die Prozesse, die wir menschliches Leben nennen. Wir wissen, wie eine Zellteilung funktioniert, wie sich Schritt für Schritt menschliche Organe entwickeln, wie unser Herz sich formt und zu schlagen beginnt. Wir haben den genialen Bauplan, die DNA, entschlüsselt, die unser Werden steuert und bestimmt, ob wir blaue oder braune Augen haben, ob wir klein oder groß werden, ob wir volles Haar behalten oder zur Glatze neigen, ob wir zerstreut oder eher geordnet sind, ob wir Marzipan oder eher saure Gurken mögen. Wir können beschreiben, was mit einer verzehrten Bratwurst geschieht, wie Alkohol auf unseren Gleichgewichtssinn wirkt, was das Geschlechtshormon Testosteron mit jungen Männern macht, wie bei einem Fallschirmsprung das Stresshormon Adrenalin ausgeschüttet wird, welches Vitamin unsere Sehkraft schärft, wie Antibiotika arbeiten und so weiter.

Wir wissen, wie Gefühle entstehen. Wir haben die Stoffe entschlüsselt, die uns in einen Glücksrausch versetzen, wenn wir verliebt sind oder ein gutes Konzert besuchen. Wir haben die Vorgänge an den beiden Grenzen des Lebens, Zeugung und Sterben, erforscht und beschrieben. In atemberaubender Weise multipliziert sich das Wissen über uns, das wir in immer leistungsfähigeren Computern speichern. Wir haben Erkenntnisse über Erkenntnisse gehortet, und dennoch sind wir uns ein Rätsel geblieben. Wir können erklären, wie die körpereigenen Glücksdrogen, die sogenannten Endorphine, wirken, aber auf die Frage, worin der Sinn von allem liegt, reagieren wir unsicher und ratlos.

Das Wissen über uns macht uns klug. Aber macht es uns weise? Bleiben nicht die wichtigsten Fragen unserer Existenz offen: Wer bin ich? Wo komme ich her? Wofür lohnt es sich zu leben? Wozu bin ich da? Was verleiht meinem Leben eine Würde und einen Sinn? Wie kann mein Leben sinnvoll bleiben auch im Angesicht von Krankheit und Sterben? Was soll mein Leben hier und jetzt? Bleiben nicht die Fragen nach dem Woher, Wozu und Wohin des Lebens unbeantwortet, solange man sich lediglich auf der Ebene der Naturwissenschaft bewegt? Muss man nicht auf der Suche nach dem Sinn des Lebens den Menschen umfassender beschreiben, als die Humanwissenschaften es vermögen?

Nichts als Materie?

Der Mensch ist nichts weiter als ... – Sätze, die so beginnen, verraten, dass sie den Menschen auf eine Dimension seines Seins verkürzen. Man outet sich sozusagen als Anhänger eines reduktionistischen Menschenbildes und wird so zum Sprecher einer Halbwahrheit. Wir kramen noch etwas in der Sprüchekammer der Halbwahrheiten herum: »Der Mensch ist nichts weiter als Materie, die sich ihrer selbst bewusst geworden ist.« »Der Mensch ist nichts weiter als die Summe biochemischer und bioelektrischer Aktivitäten.« Hier wird das menschliche Sein auf die Materie reduziert. Demzufolge ist der Mensch ein komplizierter biologischer Apparat, sonst nichts. Natürlich ist er das *auch*, aber eben nicht nur. »Der Mensch ist, was er isst«, so fasste der Philosoph Ludwig Feuerbach vor 150 Jahren das Wesen des Menschen zusammen. Ein prägnanter Satz. Man kann ihn sich sofort merken und bei vielen Gelegenheiten zitieren. Nicht auf Beerdigungen. Das wäre unpassend. Dieser Satz ist auch irgendwie richtig, aber eben doch nicht ganz. Was ist der Mensch, wenn man ihn auf seine biologische Ebene reduziert? Der expressionistische Dichter und Arzt Gottfried Benn nennt ihn ein »Hirntier«, einen »armen Hirnhund«. Der Mensch ist »kein höheres Wesen, sondern ein hochgekämpfter Affe«. Diese Sätze wollen und sollen schockieren, indem sie uns mit der angeblichen Wahrheit unseres Seins konfrontieren: dass wir bloß funktionierende Materie sind.

Auf der biologischen Ebene ist der Mensch ein affenähnliches Tier, entstanden aus dem Erbgen-Cocktail seiner Vorfahren. Aus der psychologischen Perspektive ist der Mensch ein Wesen, das aus seinem Unterbewusstsein von diffusen Trieben und Wünschen gesteuert und bestimmt wird. Aus der Sicht des Soziologen sind wir das Ergebnis unseres gesellschaftlichen Umfelds: Eltern, Schule, Clique, Freunde, Nation, Kultur. Auf der chemischen Ebene lässt sich ziemlich einfach beschreiben, was der Mensch ist: eine Ansammlung wertloser Substanzen: 68% Wasser, 20% Kohlenstoff, 6% Sauerstoff, 2% Stickstoff, 4% Aschebestandteile (bei Rauchern mehr) und einige Schwermetalle. Diese Beschreibungen sind alle richtig, aber sie sind ungeeignet, das Wesen des Menschen auszudrücken. Denn der Mensch ist viel mehr als biochemisches und bioelektrisches System. Man kann ihn nur umfassend beschreiben, wenn man die geistige Dimension seines Wesens einbezieht.

Der Mensch ist viel mehr als ...

Der Mensch ist unendlich mehr. Er ist ein geistiges Wesen. Er besitzt eine geistig-spirituelle Dimension, die auf der rein naturwissenschaftlichen Ebene nicht sichtbar und auch nicht aussagbar ist. Stellen Sie sich vor, was wohl ein Chemiker, der ein Gemälde Rembrandts analysiert, herausbekommt. Er benennt die chemischen Verbindungen, definiert die Substanzen, welche die unterschiedlichen Farben hervorbringen, ermittelt Alter und Beschaffenheit der Leinwand. Er weiß viel mehr über das Bild als der Betrachter in der Galerie, der ergriffen vor einem Gemälde steht. Hat der Chemiker das Kunstwerk begriffen? Nein! Es ist ein geistiges Werk, die Verkörperung genialer kreativer Arbeit. Nur wer es auf dieser Ebene bestaunt, kann es verstehen. Eine Beethovensinfonie ist ebenso wenig nur eine Ansammlung von Noten, wie ein Roman von Günter Grass eine Ansammlung von Worten ist. Auf der Ebene ihrer Bestandteile sind sie völlig bedeutungslos. Ihr Sinn erschließt sich aus der Gesamtschau.

Mehr als ein Zufallsprodukt?

Sind wir wirklich das Produkt von vielen Zufällen? Einmal als Gattung Mensch das Resultat vieler glücklicher Zufälle, durch welche nach einem gewaltigen Urknall aus lebloser Materie schließlich ein denkender, fühlender Mensch entstand? Und zweitens als Produkt des Zufalles, bei dem – aus welchen Gründen auch immer – Spermium und Eizelle zueinanderfanden und ein Mensch entstand? Natürlich ist jeder Mensch *auch* Produkt dieses Zufalles. Der Stromausfall an jenem Abend – er fand sie so süß im Kerzenschein... – was für ein glücklicher Zufall. Das sportlichste von allen Spermien hat das Rennen gemacht und sich durch die Hülle der Eizelle gebohrt. Und dann – Heißa! – ein neuer Mensch begann sich zu bilden. Auf der biologischen Ebene ein Zufall. Aber auf der geistigen Ebene ein Schöpfungsakt Gottes! In dem Moment, als dieser Mensch entstand, hat Gott ihm den Geist eingehaucht, der den Menschen zu einem gewollten und geliebten Wesen macht.

Was ist der Mensch?

In der Bibel, Psalm 8, steht: »Wenn ich den Himmel betrachte und das Werk deiner Hände sehe – den Mond und die Sterne, die du an ihren Platz gestellt hast –, wie klein und unbedeutend ist da der Mensch und doch denkst du an ihn und sorgst für ihn! Denn du hast ihn nur wenig geringer als Gott gemacht und ihn mit Ehre und Herrlichkeit gekrönt. Du hast ihn über alles gesetzt, was du erschaffen hast, und ihm Vollmacht über alles gegeben.« (V. 4–7)

Diese herrlichen Zeilen sind ein Minderwertigkeitskiller erster Güte. Wir sind gekrönt. Auf unserem Leben liegt ein Adel, eine Gotteswürde, eine himmlische Ehre, eine irdische Herrlichkeit. Wir bekommen sie verliehen. Nicht nachdem wir irgendeine Leistung vollbracht haben. Diese Würde wird uns geschenkt, ohne irgendeine Vorleistung.

Ich habe als Student manchmal in einem Heim für geistig Behinderte gejobbt. Ich sah diese Menschen, die manchmal nicht unbedingt einen ästhetischen Anblick boten. Sie sabberten, lallten, wippten monoton mit dem Ober-

körper hin und her, erzählten unwahrschein-
lichen Blödsinn, wenn sie denn überhaupt reden konnten. Dennoch begegnete ich ihnen
mit Respekt. (Ganz davon abgesehen, dass wir
gemeinsam auch viel Freude hatten.) Sie sind
von Gott geadelte Menschen. Der Schöpfer hat
sie mit einer Würde beschenkt, die ihnen auch
ein defizitär arbeitendes Gehirn nicht nimmt.

Gottes Ebenbild

In der Schöpfungsgeschichte am Anfang der
Bibel steht: »So schuf Gott die Menschen nach
seinem Bild, nach dem Bild Gottes schuf er sie,
als Mann und Frau schuf er sie.« (1. Mose 1,27)
Es gibt also eine Dimension des Menschen, auf
der Gott sich selbst nachbildete. Zwar denken
wir bei Bild an etwas Äußerliches, Formales.
Doch dieser Satz umschreibt die geistig-spirituelle Dimension des Menschen. Wir sind geistige Wesen. Wir sind Personalität. Wir haben ein
denkendes, wollendes Ich. Wir sind uns unser
selbst bewusst. Wir können antworten und sind

deshalb auch verantwortlich. Die geistig-spirituelle Dimension unterscheidet uns entscheidend von jedem Tier. Der Gott, den die Bibel uns vorstellt, ist nicht eine apersonale, unpersönliche Energie, sondern er ist Persönlichkeit. Er hat ein Herz. Er liebt, er sehnt, er ist enttäuscht und traurig. Er schuf den Menschen als Gegenüber seiner Liebe und stattete ihn mit Personalität aus. Diese ist seine Gottesebenbildlichkeit. Gott machte uns zu wollenden, denkenden, antwortfähigen Personen. Wir sind auf ihn hin geschaffen. Gott möchte Gemeinschaft mit uns. Gott ist Liebe, und er möchte geliebt werden.

Sinn suchen – Gott entdecken

Auf der biologischen, naturwissenschaftlichen Ebene gibt es keine Antwort auf die Frage nach dem Sinn des Lebens, die unser sehnsüchtiges, fragendes Herz erfüllt und uns die Würde gibt, nach der unsere Seele dürstet. Die Frage nach dem Sinn des Lebens ist die Frage nach dem Schöpfer. Der Lebenssinn wird uns von unserem Schöpfer gegeben, der uns designt und eine tiefe Sehnsucht nach einem erfüllten und sinnvollen Leben in uns hineingelegt hat. Auf der materiellen Ebene unseres Seins sind wir vielleicht so etwas wie Zufall, Materie in Funktion, ein hochkomplexes System bioelektrischer und biochemischer Prozesse. Aber *ganzheitlich* betrachtet sind wir gewollt, geschaffen, berufen und geliebt, weil wir gleichzeitig geistig-spirituelle Wesen sind. Nur in dieser Ganzheitlichkeit finden wir unsere Würde als Menschen. Wenn wir *ohne* Gott nach dem Sinn des Lebens fragen, kratzen wir nur an der Oberfläche unseres Seins und kommen zu Antworten, die auf der materiellen Ebene unseres Seins sinnvoll sind, aber unserer wahren Natur und Bestimmung als spirituelle Wesen nicht gerecht werden. Ohne einen transzendenten Bezugspunkt ist kein wirklicher Lebenssinn zu haben, der die Grundfragen des Lebens umfassend beantwortet.

Vielleicht genügt der atheistische Bezugsrahmen, wenn man den Sinn des Lebens in Fortpflanzung, Genuss, Partnerschaft, Sexualität, Arbeit und im Tun des Guten und Richtigen sucht. Aber dieser Bezugsrahmen ist zu eng, wenn man *den* Lebenssinn sucht,

- der uns eine einzigartige Würde gibt,
- der unser Leben sinnvoll macht bis zum letzten Atemzug,
- der uns mit Herz und Hirn begreifen lässt, dass wir eingebettet sind in einen großartigen Mega-Sinn-Kosmos,
- der uns mit einer lebendigen Hoffnung erfüllt über alle Grenzen hinaus, auch über die Grenze des Todes.

Für diesen Lebenssinn sind wir geschaffen. Dieser Lebenssinn hat einen Namen: Gott. Es sind die drei fundamentalen Fragen des Mensch-seins – Woher? Wohin? Wofür? –, die eine Ant-wort bekommen. Es sind unsere Ursehnsüchte, die gestillt werden, wenn Gottes Wirklichkeit unser Leben, unser Herz und unseren Verstand berührt.

Gewollt und geliebt

Der Glaube erkennt und erlebt: Ich bin ein von meinem Schöpfer gewollter und gelieb-ter Mensch. Die Liebe Gottes, die uns in Jesus Christus begegnet, ist ein Minderwertigkeits-killer erster Güte. Der Gott, den uns Jesus vor Augen malt, steht im absoluten Gegensatz zu dem Gottesbild, das meine nicht religiösen und meine christentumsgeschädigten Freun-de haben. Sie erzählen mir von einem ewig schlecht gelaunten Gott, einem Lebensvernei-ner und Miesmacher, dem man lieber aus dem Wege geht. Und sie schildern mir eine Kirche, in der kein Leben pulsiert, die keine Warmher-zigkeit ausstrahlt. Statt dynamischen Glaubens und froh machender Hoffnung, unverständliche Rituale, ödes Pfarrergerede, gelangweilte Christen. Das schockiert mich wirklich. Denn Gott wird von unzähligen Menschen als zärtliche und dennoch souveräne Macht der Liebe erlebt, die uns nicht fertig macht oder ablehnt, sondern die uns annimmt und uns Liebe und Vergebung spüren lässt.

Beauftragt

Der Glaube erkennt und erlebt: Ich bin berufen, Gott zu kennen und zu lieben. Und das ist nicht nur ein ewiges Vorrecht. Es ist zugleich eine zeitliche und ewige Aufgabe, die unser Leben für jetzt und alle Zeit sinnvoll macht. Das kann konkret bedeuten, einen ordentlichen Schulabschluss hinzulegen, seinen Ehepartner als Aufgabe von Gott anzunehmen, für Waisenkinder in Afrika zu spenden, sich um eine Arbeitsstelle zu bemühen, Menschen in Not zu unterstützen, seinen Kollegen ein Bier zu spendieren, für seine Kinder zu beten, in seinem Verein ehrenamtlich die Klos zu putzen, eine Demo zu organisieren, sich für sozial Schwache einzusetzen, sich in einer Partei zu engagieren. Alles normale Aufgaben. Der Unterschied: Man tut es im Auftrag, im Namen und in der Kraft Gottes.

Und wenn vielleicht der Tag kommt, an dem wir alt und krank, einsam und vergessen sind, dann offenbart sich die letzte große Sinnhaftigkeit eines Lebens mit Gott, wenn wir für andere Menschen beten können. Oder uns erfüllt als letzte Aufgabe, die es noch geben kann: einfach für Gott da zu sein, weil er uns sieht.

Die Geschichte vom Gott preisenden Bettler

Vor einigen Wochen habe ich an Exerzitien teilgenommen. Das ist so eine Art Einkehrwochenende, um Gott näherzukommen, zu beichten und den Herrn anzubeten. Geleitet wurden die Tage von Pater Matthew, einem indischen Vinzentiner, der trotz seines jungen Alters ein bekannter Exerzitienmeister ist. Er erzählte in einer Bibelauslegung eine Geschichte aus seinem Leben, die mich tief berührte: Bevor in Indien ein Vinzentiner sein ewiges Gelübde ablegt (Gehorsam, Armut und Keuschheit), um Mönch zu werden, muss er zehn Tage lang bei den Ärmsten der Armen leben, bei den Bettlern und Sterbenden. Er darf für diese Zeit nichts mitnehmen, weder Geld noch Nahrung noch zusätzliche Kleidung. Wie ein Bettler muss er von dem leben, was barmherzige Menschen ihm geben. Nachts muss er bei den Bettlern schlafen. Auch Pater Matthew wurde von seinem Ordensobersten ausgesandt, um zehn Tage bei den Armen und Elenden auf Indiens Straßen zu leben. Eines Nachts lag er schlafend neben einem alten Bettler. Ein Geräusch weckte Pater Matthew. Er sah, wie der alte Bettler mitten in der Nacht auf der Straße kniete, sich bekreuzigte und mit erhobenen Händen betete. Er fragte ihn: »Bruder, was betest du?« »Ich preise Gott«, sagte der alte Mann. »Du bist ein armer Bettler. Wofür preist du Gott?« Da antwortete der Bettler: »Weil Gott mich sieht.«

Das letzte große Ziel

Der Glaube erkennt und erlebt, dass wir nicht nur funktionierende Materie sind, sondern zur Ewigkeit mit Gott bestimmte Sinn-Wesen. Da kann man reden, wie man will, das Nichts verharmlosen oder beschönigen. Fakt ist: Wir sehnen uns nach einem Leben ohne Verfallsdatum.

Wohin gehen wir? Das ist die Frage, die wir stellen, Gläubige und Ungläubige. Sie findet ihre Antwort in Jesus Christus. Weil Jesus die Tür zum Leben ist, ist der Tod keine Falltür ins Nichts. Wir erwachen zu einem neuen Leben und unser Leben findet seine ewige und endgültige Erfüllung in Gottes geschauter Gegenwart.

Josh McDowell,
Sean McDowell

Wer ist dieser Mensch?

Taschenbuch, 11 x 18 cm, 224 S.
Nr. 394.659
ISBN 978-3-7751-4659-3

An Jesus scheiden sich die Geister. Manche bewundern ihn, manche hassen ihn. Doch keiner kann gleichgültig an ihm vorübergehen. McDowell zeigt: Jesus spielt die zentrale Rolle in der Geschichte. Der kompakte Klassiker für fragende Menschen, vollständig überarbeitet.

Bitte fragen Sie in Ihrer Buchhandlung
nach diesem Buch! Oder schreiben Sie an:
SCM Hänssler, D-71087 Holzgerlingen;
E-Mail: info@scm-haenssler.de;
Internet: www.scm-haenssler.de

John Lennox

Hat die Wissen-schaft Gott begraben?

Eine kritische Analyse
moderner Denk-
voraussetzungen

Gebunden, 13,5 x 20,5 cm, 336 S.
Nr. 226.261
ISBN 978-3-417-26261-2

Laut Dawkins ist der Atheismus die einzig legiti-
me Denkposition und die Vorstellungen von einem Schöpfer- und Erhaltergott eine verzichtbare
Hypothese. In diesem anregenden und provozie-
renden Buch lädt der bekannte Mathematiker John
Lennox ein, solche Thesen ernsthaft zu überden-
ken.

*Bitte fragen Sie in Ihrer Buchhandlung
nach diesem Buch! Oder schreiben Sie an:
SCM Hänssler, D-71087 Holzgerlingen;
E-Mail: info@scm-haenssler.de;
Internet: www.scm-haenssler.de*